L'HYPNOTISME

ET LA VOLONTÉ

Par ALBERT COLAS

Membre de la Société d'Études philosophiques et morales,
Membre de l'association scientifique
de France, et de plusieurs autres Sociétés savantes.

PARIS
AUGUSTE GHIO, ÉDITEUR
PALAIS-ROYAL, 1, 3, 5 ET 7, GALERIE D'ORLÉANS

—

1885

Tous droits réservés.

L'HYPNOTISME
ET LA VOLONTÉ

Cette communication a été faite à la Société d'études philosophiques et morales, dans la séance du mois de Juin. En la publiant aujourd'hui, nous avons cru devoir lui conserver sa forme originelle ; le style y perdra peu en correction, mais le ton familier rendra sans doute la lecture plus facile. Nous croyons que les études philosophiques se répandront plus rapidement et trouveront à intéresser un plus nombreux public par de petites monographies que par de volumineux in-octavo. Aussi comptons-nous sur la bienveillance de nos lecteurs.

Nous avons l'intention de continuer ce genre de publication par de nouvelles études.

L'HYPNOTISME

ET LA VOLONTÉ

Par ALBERT COLAS

Membre de la Société d'Études philosophiques et morales,
Membre de l'association scientifique
de France, et de plusieurs autres Sociétés savantes.

PARIS
AUGUSTE GHIO, ÉDITEUR
PALAIS-ROYAL, 1, 3, 5 ET 7, GALERIE D'ORLÉANS

—

1885

Tous droits réservés.

L'HYPNOTISME ET LA VOLONTÉ

I

Je vous demande, Mesdames et Messieurs et pour une fois seulement, de sacrifier à la mode. Depuis quelques mois, je n'ai pas ouvert une revue, coupé un livre, lu un journal, sans y trouver plus ou moins bien relatées, plus ou moins bien appréciées, un grand nombre d'expériences d'hypnotisme. L'ancien magnétisme animal, si obscur jadis, a fait irruption dans le monde scientifique ; il menace même de tenir toute la place, de l'envahir tout entier. Il s'est, il est vrai, beaucoup transformé ; il s'est dépouillé de sa guange surnaturelle, forcé qu'il était de le faire, pour passer au laminoir rigoureux des méthodes si fécondes de l'expérience scientifique. En notre qualité de philosophes, nous ne pouvions pas rester indifférents à un tel envahissement et nous nous sommes proposés de rechercher avec vous, ce soir, de quel secours pouvaient être à la philosophie, dans l'étude de la volonté, les nombreux faits que les expériences hypnotiques apportent à la psychologie expérimentale.

L'ancien magnétisme animal ne nous avait jamais rien dit qui vaille. A part quelques observations exactes, il n'avait en somme aucune valeur positive. Le sommeil pathologique ou somnambulisme dont les causes ne nous sont pas encore suffisamment connues, mais que nous faisons cependant, avec raison, rentrer dans un cadre nosographique : « la névrose », va au contraire nous ouvrir des horizons.

Vous savez qu'on peut suivre, dans l'examen des phénomènes, deux méthodes jumelles dont la fécondité n'a rien d'égal : la méthode de l'évolution et celle de la dissolution.

La première va du simple au complexe, l'autre décompose le complexe en ses éléments simples. L'une examine les causes du progrès et leur succession nécessaire, l'autre remonte le cours de l'évolution et étudie la dissolution.

La méthode de dissolution examine donc plus particulièrement les caractères morbides, la désorganisation.

Le somnambulisme est un phénomène morbide, et c'est à l'aide de la méthode de dissolution qu'il nous faut en connaître.

Il y a deux sortes de sommeils pathologiques: le somnambulisme naturel ou pour mieux dire spontané et le somnambulisme provoqué. C'est ce dernier qu'on désigne plus particulièrement sous le nom : d'hypnotisme.

Mais il est nécessaire de savoir : que ces sommeils ont des degrés divers, qui vont de la somnolence fugace au sommeil profond, par un nombre considérable de nuances intermédiaires.

Je vais vous citer un cas de somnambulisme spontané, bien caractérisé, qui vaudra mieux que toute définition.

II

« Un zouave, au combat de Bazeilles, avait
« reçu une énorme blessure qui avait dénudé son
« cerveau. Le malheureux était resté sur place,
« paralysé, sans connaissance. Il fut recueilli
« par l'armée ennemie, puis soigné ; sa paralysie
« disparut. Au bout de deux ans, il reprit la vie
« commune. Il exerçait la profession de chan-
« teur dans les concerts. Il fut bientôt pris de la
« névrose spéciale que nous appelons somnambu-

« lisme. Certains jours, il devenait triste, puis
« tout à coup il se levait, s'habillait et se mettait
« à parcourir les rues. Il marchait droit devant
« lui, ne voyait rien, se jetait dans les obstacles.
« Il était, comme dit le docteur Azam, en condi-
« tion seconde. Dans ces moments-là, il était
« pris d'une propention au vol que rien ne pou-
« vait arrêter. Voyait-il un objet brillant de-
« vant une boutique, il s'en emparait, le mettait
« dans sa poche, sans crainte, le plus simple-
« ment du monde.

« Il fut arrêté et à la suite d'une ordonnance
« de non lieu, il entra à l'hôpital.

« Là, il entrait en condition seconde à peu
« près une fois par mois, il marchait étranger à
« tout, les yeux fixes et inertes ; il tournait les
« obstacles, ramassait tout objet brillant, mon-
« tres, cuillères, verres etc., etc. Un rayon de
« soleil qu'on lui envoyait dans les yeux, ne le
« faisait pas même cligner, un bruit assourdis-
« sant produit à ses oreilles ne le faisait pas tres-
« sauter.

« On le traversait avec des tiges d'acier, il
« était tout à fait insensible ; on le brûlait sans
« qu'il retirât la main.

« On lui met une canne recourbée à la main ;
« il la tâte, la retourne, puis sa figure devient ani-
« mée, il épaule la canne, il l'a prise pour un fu-

« sil. Une idée se réveille dans ce cerveau endor-
« mi, et cette idée en entraîne d'autres avec les-
« quelles elle s'associe. Il se met à marcher
« prudemment ; il écoute, fait quelques pas, puis
« il écoute encore, il recule vivement et se cache
« derrière un lit, il épaule la canne, met en joue,
« vise, puis il saisit vite une cartouche imagi-
« naire, il recharge son arme, vise de nouveau,
« son œil devient féroce, il crie : les voilà ! ils
« sont au moins cent ! à moi ! et il tombe à la
« renverse en portant vivement les mains à son
« front, il reste mort.

« On lui suggère alors un nouvel acte.

« On lui donne un rouleau de papier blanc,
« qu'il considère gravement ; en même temps on
« fait passer sous ses yeux une lampe allumée
« pour lui suggérer l'idée de la rampe. Le
« succès est complet ; le malade essaie sa voix,
« seulement il semble gêné, il enlève sa capote
« d'hôpital ; un des médecins lui passe alors sa
« redingote, il la prend, mais il est frappé par
« quelque chose de rouge ; c'est une rosette de
« la légion d'honneur, il la saisit vivement et la
« met dans sa poche. Puis il endosse l'habit,
« tousse deux ou trois fois et se met à chanter
« un air patriotique. Une autre fois, on lui
« présente une plume et du papier, il se met à
« écrire à son général pour lui demander quelque

« faveur, on lui retire la lettre et il n'a plus que la
« feuille blanche qui était dessous ; il relit la
« feuille blanche, met des points, des virgules
« par ci par là, et signe.

Le malade se réveille naturellement. *Il ne se souvient de rien.*

Il dormait du sommeil pathologique ; mais comme vous avez pu le remarquer, tout ne dormait pas chez lui.

Voici maintenant un cas de somnambulisme provoqué.

Je copie le docteur Bernheim[1].

« C'est un photographe de Bordeaux âgé de
« 44 ans, maigre, souffreteux, les yeux saillants,
« il semble mener une existence précaire ; il a
« trois enfants âgés de 18, 19 et 21 ans, il vit
« séparé de sa femme.

« Sans maladie antérieure, il fut pris tout à
« coup, dit-il, il y a 10 ans, un matin en se le-
« vant, d'une gêne dans la marche, caractérisée
« par une tendance à la propulsion ou impul-
« sion en avant. Le phénomène s'est accen-
« tué progressivement depuis 5 ans, il marche
« mal comme un homme ivre, il titube à droite
« ou à gauche, si bien que la police l'a arrêté
« plusieurs fois le croyant ivre, et cependant il est

---

[1] Docteur Bernheim. De la suggestion dans l'état hypnotique et dans l'état de veille.

« sobre et n'a jamais fait d'abus alcooliques.
« Quand il descend un escalier ou quand il fait
« froid, la tendance à courir en avant, la pro-
« pulsion irrésistible augmente sensiblement ; il
« fait quelques pas précipités, puis s'arrête en tré-
« buchant. Il n'a jamais eu de douleurs de
« tête, ni vomissement, depuis 2 ans et jusque
« dans les derniers jours d'avril 84, il était sujet
« à des vertiges qui le prenaient comme un coup
« de foudre, pendant la marche ou en se levant. »
C'est, dit-il, une sensation d'ivresse qui ne dure
qu'une seconde. « *Depuis, cette sensation ver-*
« *tigineuse a complétement disparu par sugges-*
« *tion hypnotique*[1]. Jamais il n'a eu d'attaque
« d'aucune nature, ni perte de connaissance : la
« sensibilité tactile, les sensibilités spéciales sont
« intactes ; la force musculaire conservée, reflexes
« tendineux normaux ; l'appétit, la digestion et
« les autres fonctions ne présentent rien d'a-
« normal.

« L'intelligence est nette, la mémoire conser-
« vée, il répond bien à toutes les questions, son
« cerveau est naturellement docile, d'un carac-
« tère calme et doux, il est très réservé dans ses
« allures. Il dit n'avoir jamais été nerveux, il
« dort bien la nuit, il se rappelle tous les actes

---

[1] La suggestion hypnotique est un moyen thérapeutique.

« de sa vie et ne paraît pas être sujet à des accès
« de somnambulisme spontané.

« Il me suffit de poser deux doigts devant ses
« yeux pour que, en quelques instants, ses pau-
« pières clignotent, puis se ferment, *il est hyp-
« notisé*. Je lève les bras, il est en catalepsie sug-
« gestive. Il est presque complétement insensible
« et il le devient, si je lui affirme qu'il l'est.
« On lui perce la peau avec une épingle, il ne
« réagit pas. Je le place sur le tabouret d'une
« machine électrique, je tire des étincelles de son
« corps ; il a quelques contractions fébrillaires
« réflexes, mais ne manifeste aucune douleur ;
« seuls la nuque et l'occiput restent sensibles, il
« accuse une sensation douloureuse quand on
« tire des étincelles de ces régions, et se rappelle
« à son réveil y avoir perçu de la douleur.

« Dans cet état de somnambulisme, c'est un
« automate accompli qui obéit à toutes les sugges-
« tions et est succeptible de toutes les illusions
« ou hallucinations.

« Je le mets en catalepsie totale ou partielle,
« je paralyse à volonté un de ses bras qu'il laisse
« retomber inerte ou une jambe qu'il traîne
« comme un hémiplégique. Je provoque chez
« lui des mouvements par imitation. Il suffit que
« je me place devant lui et que je tourne mes
« bras l'un sur l'autre, que j'approche ou éloigne

« alternativement mes deux mains l'une de
« l'autre, que je fasse un pied de nez, ou que je
« fasse un mouvement quelconque avec mes
« jambes, pour qu'immédiatement il imite cha-
« cun de ces mouvements qu'il voit ; car il peut
« ouvrir largement les yeux en continuant à ma-
« nifester tous ces phénomènes. Si je m'éloigne
« en tendant la main vers lui, il me suit passive-
« ment partout où je vais. Au commande-
« ment il s'arrête ; je lui suggère qu'il est cloué
« sur place et ne peut faire un pas ; il faut le
« pousser assez vivement pour qu'il démarre.
« Je trace une ligne sur le plancher et lui déclare
« qu'il ne peut la dépasser, il s'escrime inutile-
« ment à la franchir. Je lui dis qu'il ne peut
« plus avancer mais seulement reculer, il essaie
« d'avancer, mais ne peut que reculer.

« Les illusions des sens sont instantanées, je
« produis une cécité unilatérale ou bilatérale, il
« ne voit plus d'un œil, une épingle ou une lu-
« mière approchée de la cornée ne le fait pas
« sourciller : *c'est une cécité psychique ou céré-*
« *brale.*

« Je détermine toutes les hallucinations de la
« vue, je l'envoie s'asseoir sur une chaise imagi-
« naire où il trouve un caniche imaginaire, il le
« touche, craint d'être mordu par lui, retire vi-
« vement son doigt, je lui fais caresser un petit

« chat, j'évoque les images des personnes qu'il a
« connues, je lui montre son fils qu'il n'a pas vu
« depuis huit ans, il le reconnaît et reste comme
« en extase, les yeux fixes en proie à la plus vive
« émotion, les larmes coulent de ses yeux.

« Les illusions du goût sont tout aussi nettes,
« je lui fais avaler du sel en quantité pour du
« sucre, il le trouve très doux, je barbouille la
« langue avec du sulfate de quinine, lui disant
« que c'est très sucré, et cela immédiatement
« avant de le réveiller, mais ayant soin de lui
« affirmer qu'il conserverait le goût du sucre
« dans sa bouche, et à son réveil, il perçoit ce
« goût. Je lui mets un crayon dans la bouche,
« lui affirmant que c'est un cigare : il lâche des
« bouffées de fumée, se sent brûlé quand je mets
« le bout soi-disant enflammé dans sa bouche.
« Je lui dis que c'est un cigare trop fort et qu'il
« va se trouver mal : il est pris de quintes de toux,
« crache, a des nausées, des expuitions aqueuses,
« pâlit, a des vertiges. Je lui fais avaler un
« verre d'eau en guise de champagne, il le trouve
« fort, si je lui en fais avaler plusieurs, il est ivre,
« il titube. Je dis : « l'ivresse est gaie » il
« chante avec des hoquets dans la voix, je pro-
« voque un fou rire. Je dis : « l'ivresse est triste, »
« il pleure et se lamente. Je le dégrise avec de
« l'ammoniaque imaginaire sous le nez, il se

« retire en contractant ses narines et fermant les
« yeux, comme suffoqué par cette odeur ; je le
« fais éternuer plusieurs fois avec une prise de
« tabac imaginaire. Toutes ces sensations se suc-
« cèdent rapidement, instantanément : son cer-
« veau les adopte et les perçoit aussitôt expri-
« mées par moi. Je le fais bégayer, il n-n-n-
« n-e-p peut plus par-par-par-ler. Je l'envoie
« écrire mon nom au tableau lui suggérant qu'il
« ne peut plus écrire les consonnes, il écrit é-é ;
« qu'il ne peut plus écrire les voyelles, il écrit
« Br-n-m.

« Enfin à ma volonté, il exécute tous les actes
« que je lui commande : je lui fais voler une
« montre dans le gousset d'une personne, je lui
« ordonne de me suivre pour la vendre, je le
« conduis à la pharmacie de l'hôpital, boutique
« de brocanteur imaginaire, pour vendre la mon-
« tre, il la vend au prix qu'on lui fait et me suit
« ayant tout l'aspect d'un voleur ; en route, je lui
« fais montrer le poing à un infirmier, faire le
« pied de nez aux religieuses.

« J'ai un jour provoqué une scène vraiment
« dramatique.

« Je lui ai montré contre une porte un per-
« sonnage imaginaire, en lui disant que cette
« personne l'avait insulté, je lui donne un pseu-
« do-poignard (un coupe-papier) et lui ordonne

« d'aller le tuer. Il se précipite et enfonce ré-
« solument le poignard dans la porte, puis reste
« fixe, l'œil hagard, tremblant de tous ses mem-
« bres. Qu'avez-vous fait, malheureux, le
« voici mort. Le sang coule, la police vient. Il
« s'arrête terrifié. On l'emmène devant un
« juge d'instruction fictif, mon interne !

« Pourquoi avez-vous tué cet homme ? Il n'a
« insulté. On ne tue pas un homme qui vous
« insulte. Il fallait vous plaindre à la police. —
« Est-ce que quelqu'un vous a dit de le tuer? Il
« répond, c'est M. Bernheim. — Je lui dis, on
« va vous mener chez le procureur. C'est vous
« seul qui avez tué cet homme, je ne vous ai rien
« dit, vous avez agi de votre propre chef.

« On le mène devant mon chef de clinique qui
« fait fonction de procureur. — Pourquoi avez-
« vous tué cet homme ? Il m'a insulté. C'est
« étrange ! On ne tue pas un homme pour une
« insulte. — Étiez-vous dans la plénitude de vos
« fonctions intellectuelles ? On dit que vous avez
« le cerveau dérangé parfois. — Non, monsieur !
« — On dit que vous êtes sujet à des accès de
« somnambulisme. Est-ce que vous n'auriez pas
« obéi à une impulsion étrangère, à l'influence
« d'une autre personne qui vous aurait fait agir ?
« — Non monsieur, c'est moi seul qui ai agi de
« ma propre initiative, parce qu'il m'a insulté. —

« Songez-y, il y va de votre vie, dites franche-
« ment ce qui est, dans votre intérêt. Devant
« le juge d'instruction vous avez affirmé que l'idée
« de tuer cet homme vous avait été suggérée par
« M. Bernheim. — Non, monsieur, j'ai agi tout
« seul. — Vous connaissez bien M. Bernheim,
« vous allez à l'hôpital où il vous endort? — Je
« connais M. Bernheim parce que je suis en trai-
« tement à l'hôpital où il m'électrise pour guérir
« ma maladie nerveuse, mais je ne le connais
« pas autrement. Je ne puis pas vous dire qu'il
« m'a dit de tuer cet homme puisqu'il ne m'a
« rien dit.

« Réveillé et revenu à son état normal, il ne
« se souvient de rien, il croit avoir dormi sur sa
« chaise. »

Je m'arrête à ces deux cas bien typiques et complets, quoiqu'il en existe un grand nombre d'autres intermédiaires qui ne leur cèdent rien par l'étrangeté et le merveilleux. Ils suffiront je crois, à faire ressortir toute l'importance de ces phénomènes de psychologie morbide.

III

Que le somnambulisme soit spontané ou provoqué, il offre un caractère dominant qui doit appeler l'attention du philosophe. Ce caractère dominant : c'est l'influence suggestive des hommes et des choses, qui fait du sujet influencé un parfait automate livré au pouvoir dynamique de ses réflexes. Il n'y a plus chez lui, de pouvoir d'arrêt, il n'y a plus de volonté. Le somnambulisme a détruit momentanément, ce qu'il y a de plus élevé dans la machine humaine, l'activité volontaire.

Il faut savoir que c'est surtout chez les somnambules que l'influence suggestive est toute puissante, mais il faut savoir aussi qu'elle agit *à l'état de veille*, sur des sujets *sains* ou considérés comme tels. On dit de ceux-là qu'ils n'ont pas de volonté.

Du reste, pour nous, l'expression « santé » n'a pas de réalité positive ; car chacun de nous possède une idiosyncrasie spéciale qui est sa manière d'être morbide ; la santé étant une « idéation » qui supprime tous les caractères de cette idiosyncrasie.

Et puisque nous avons choisi la méthode de dissolution, nous allons passer une revue rapide de l'état le plus voisin de l'état normal qui nous mène au sommeil pathologique, je veux dire, *du sommeil naturel.*

L'action amène la réaction, l'activité est suivie d'un repos. Après une période d'activité nos muscles se relâchent, la somnolence arrive ; nous recherchons la position horizontale la plus propre au repos musculaire, où *la tension* est à son minimum. Aucun de nos organes n'échappe à la loi du repos ; notre cœur qui semble constamment battre, comme on dit, se repose à chaque mouvement. Son repos est très court, voilà tout !

Notre cerveau qui est l'appareil enregistreur de nos fonctions nerveuses les mieux spécialisées, n'échappe pas à la loi, il dort aussi. Il cesse d'agir, non pas dans son ensemble, mais dans ses parties, et je vous demande de considérer un instant, que toutes les cellules nerveuses qu'il contient ont chacune un repos, une façon de dormir qui leur est propre. Là, il y a repos presque absolu, ici, par des nuances insensibles nous passons à l'état de veille. Vous avez remarqué n'est-ce pas, que tout à l'heure, en décrivant le premier cas de somnambulisme spontané, je vous disais : que tout ne dormait pas chez notre zouave.

Eh bien, il en est ainsi chez tous les sujets à sommeil naturel ou à sommeil pathologique. L'activité nerveuse existe toujours dans quelques parties ; mais c'est surtout dans les parties profondes, dans la moelle qu'elle existe encore, quand l'activité nerveuse que nous qualifions de « volontaire » semble annihilée.

Nous passons à peu près le tiers de notre existence à dormir ; ce n'est pas du temps perdu, c'est du temps bien employé. Le sommeil est une période qui naît de la dissolution que nos organes ont subi et il est nécessaire à leur reconstitution histologique. C'est non seulement une période de reconstitution, mais aussi une période pendant laquelle les forces s'accumulent. Pour que cette accumulation ait lieu, il faut que les portes de communication sensitivo-sensorielles qui nous unissent au monde extérieur soient fermées ; car nous ne pouvons pas réparer nos forces et être en pleine activité ; il faut que ces deux faits soient intermittents.

Mais, de même que le passage de l'état de veille au sommeil se fait par des nuances insensibles, de même, la reconstitution des forces, qui commence la première étape du sommeil, se fait par des nuances insensibles. Autant dire enfin, qu'il n'y a pas veille absolue, ni sommeil absolu. La qualité veille et la qualité sommeil pourraient se confondre et, pour l'explication des deux états, il conviendrait de faire intervenir la « quantité, » ici, forces à dépenser, là, forces dépensées. Pendant le sommeil, il y a donc des centres sensitifs et quelquefois moteurs qui veillent. Nos appareils sensitifs ont alors ce qu'on pourrait appeler des sensibilités spéciales. C'est pourquoi, quelquefois, un léger bruit nous réveille ; un autre plus ou moins intense ou qui est d'un autre ordre, peut être le point de départ d'un rêve. Une impression cutanée quelconque, une piqure, le pli d'un drap, la position du corps, une impression organique, un trouble dans la circulation, peuvent être le point de départ de rêves. C'est à ce point, que quelques auteurs ont cru devoir considérer les rêves, comme capables de fournir un diagnostic suffisant de certaines maladies organiques. On est allé plus loin, un psychologue distingué, M. Bouiller, a établi une responsabilité morale dans le rêve. En somme, le rêve est toujours le résultat d'une suggestion. Il a pour point de départ une suggestion quelconque, qu'elle nous vienne de la vie végétative, qu'elle nous vienne de l'extérieur. Elle met en œuvre les parties les moins endormies de notre appareil psychique ; elle peut même dans un mouvement d'amplitude de plus en plus complet, déterminer la volonté qui nous réveille et qui met en présence le rêve et la réalité. Mais, qu'arrivera-t-il, si ce mouvement d'amplitude ne détermine pas « l'activité volontaire » qui ne peut apparaître qu'après une reconstitution suffisante des centres nerveux ? Il déterminera des mouvements automatiques, et nous verrons alors chez les personnes les plus saines, s'accomplir les mouvements les plus étranges, les plus incohérents, les plus fous.

N'est-ce pas ce que nous avons vu chez les somnambules et chez les hypnotisés, et ne convient-il pas de faire un rapprochement entre ceci et cela ?

Nous savons qu'une fatigue normale appelle le sommeil, mais il faut savoir aussi qu'une fatigue trop grande, un effort trop longtemps soutenu, entraînent avec eux un trop grand épuisement du système nerveux et créent alors un état d'éréthisme de notre appareil nerveux qui se traduit par des insomnies, des cauchemars où le rêve semble constamment disputer la place à la réalité.

Dans cet état d'éréthisme, le nerf dépense sa force au fur et à mesure qu'il la récupère.

Si on a soin de fermer les voies d'entrée des impressions sensitivo-sensorielles, on pourra modérer cet éréthisme et obtenir le sommeil, mais sommeil fugace, qu'on remplacera à volonté par l'état de veille.

Eh bien, l'hypnotisable ne serait-il pas dans une des conditions qu'il faut pour obtenir le sommeil ? Sa névropathie ne consisterait-elle pas en un épuisement trop précipité de l'activité nerveuse qu'il tient en réserve ; et ses rêves accompagnés de mouvements musculaires ne tendent-ils pas à faire persévérer cet état ? Les faits répondent pour nous.

S'il en est ainsi, les faits de suggestion s'expliquent eux-mêmes. L'épuisement trop précipité de l'activité nerveuse, laisse le champ libre à l'excitation que produit la suggestion, et qui va de proche en proche, suivant la loi d'association, entraînant avec elle le peu de forces dont dispose l'organisme, mais forces suffisantes au passage à l'acte ; surtout si nous tenons compte, que certaines excitations se sont spécialisées par des répétitions constantes, jusqu'à se frayer un chemin par lequel elles passent toujours sans éveiller les centres voisins qu'elles n'ont plus besoin d'associer à leur œuvre. Elles passent nécessairement à l'acte ; parce que sur le chemin parcouru elles n'ont pas rencontré de forces accumulées, « volontés en puissance » pour leur barrer la route. C'est ce qui se passe aussi à l'état de veille chez les sujets les plus sains ; il est un grand nombre d'actes qu'ils accomplissent automatiquement, sans le secours ni de la volonté, ni de la conscience; on dit : par habitude. Mais l'habitude, c'est ce qui a constitué et ce qui constituera pour la suite des générations, « nos instincts, » qui ne se réduisent pas comme on le croit trop souvent à des fonctions purement végétatives, mais à des fonctions intellectuelles, à des fonctions morales. En somme, et pour terminer le rapprochement que nous avons cru devoir faire entre le sommeil naturel et le sommeil pathologique, on peut dire qu'il n'y a pas entre eux différence fondamentale ; et que, s'il en existe une, c'est que dans le premier l'occlusion des voies d'entrées sensorielles résulte d'une dépense prolongée qui a épuisé pour longtemps l'activité nerveuse, tandis que dans le second cette occlusion est un produit mécanique qui pour un moment concentre l'activité nerveuse en un point fixe, aux dépens de l'activité générale.

IV

Nous savons tous qu'un certain nombre d'actes de notre vie habituelle s'accomplissent sans le secours de la volonté et de la conscience, par pure action réflexe ; ils sont le résultat d'une lente intégration à travers l'organisme, qui s'est faite dans le temps, et qui constitue notre activité physique. Mais notre activité psychique ne suit-elle pas la même évolution et ne doit-elle pas être ramenée aux mêmes lois ? Si nous mettons à part les phénomènes de la vie organique qui s'accomplissent à notre insu, circulation, respiration, nutrition etc., etc, nous les abandonnons volontiers à l'action réflexe ; mais nous sommes plus exigeants quand il s'agit de faits de conscience ; faits plus complexes dus à une organisation plus haute et moins stable. Cependant, ne convient-il pas de revenir de cette exigence surtout en présence des nombreux faits de psychologie morbide que nous venons de connaître ?

Nous savons bien qu'il faut toujours se prémunir contre une interprétation trop précipitée d'un fait psychologique, car il n'offre pas toute la certitude d'un fait physique tangible ; il est plus intérieur, plus délicat, plus dépendant des causes invisibles qui l'ont produit et qu'on est souvent porté à négliger. C'est un phénomène complexe qu'un fait psychologique ; pour l'expliquer, il ne faudrait méconnaître aucun des facteurs qui entrent en sa composition. Mais il ne s'en suit pas pour cela qu'il ne relève pas de la « physique »; et s'il faut faire intervenir « l'hypothèse » où l'explication scientifique fait défaut, elle doit en tous points concorder avec les explications physiques. J'insiste à bon droit sur ce point, car toute psychologie dépend de la manière dont on envisage le rapport entre le fait physiologique et le fait psychologique. Nous savons donc qu'une partie de notre activité n'a pas besoin de la mise en œuvre des déterminations volontaires; que notre organisation nerveuse liée à notre sens musculaire suffit à l'expliquer et nous concevons fort bien alors que cette activité soit toute entière automatique. C'est à cet état que se borne la vie du nouveau né et d'un certain nombre d'animaux à développement rudimentaire. C'est aussi ce même état qui domine dans le sommeil normal et dans le sommeil pathologique. Mais, il ne faut pas oublier que c'est sur cette activité automatique qui va se développant par les progrès de l'âge et de l'éducation, que vient se greffer, en s'associant avec elle, notre activité consciente et volontaire. Cette activité automatique, dont les conditions mécaniques sont étroitement liés à l'organisme, domine, pendant longtemps encore; les réactions sont inévitables et s'effectuent quand même; mais, elles peuvent être et sont, par la suite, réglées et modifiées, par la mise en œuvre de la volonté et elles caractérisent alors notre activité volontaire. Il y a en somme deux grandes catégories d'activités, « l'activité automatique et l'activité volontaire », qui correspondent à deux états différents de notre appareil musculaire lié lui-même à notre appareil nerveux.

Un de nos physiologistes les plus éminents, Brown-Séquard, nous présente l'activité organique soumise à deux grandes lois, qu'il appelle : dynamogénie et inhibition. Nos muscles, et nos nerfs, nos centres nerveux eux-mêmes, nos nerfs sensitifs et moteurs, peuvent, sous l'influence d'une irritation ou sensation, passer à un de ces deux états dont la durée n'a pas de caractère fixe, mais qu'on pourrait sans doute mesurer à l'importance de l'irritabilité.

Quand c'est l'état dynamogène qui domine, il y a accroissement de notre activité, l'importance des réflexes s'exagère, notre activité devient automatique. C'est ce qui a lieu quand nous sommes sous l'empire d'une puissante impression que nous traduisons par une puissante émotion ; tout notre être est en branle, les stades des impressions nerveuses disparaissent sous l'accroissement de l'excitabilité réflexe ; nous donnons de tout notre être, la volonté s'évanouit, nous ne sommes plus nous-mêmes.

Quand le réflexe augmente, la volonté faiblit et inversement.

Nous avons vu la persistance de cet état chez nos somnambules où les nerfs sensitifs et les centres moteurs sont à un état d'hyperexcitabilité tel, que le *temps* nécessaire à la formation de la conscience et de la volonté n'existe plus ; le système tout entier reste soumis à une loi de réaction purement physique. N'oublions pas cependant, que cet état dynamogène n'est pas le propre de tous les organes, de tous les centres et qu'il ne peut les affecter tous à la fois ; il n'est pas un état général de l'appareil musculaire et nerveux, mais un état partiel. Il en est de même de l'état d'inhibition qui revêt sa forme achevée dans l'état de coma absolu qui frise la mort ; mais heureusement ces cas là sont rares et il ne faut rien prendre à l'absolu, surtout en physiologie.

Dans l'état « d'inhibition » il y a des points d'arrêt, il y a des forces en tension qui sont prêtes à s'écouler au dehors, mais qui sont retenues. Ces forces en tension sont perçues par la conscience ; car elles se différencient dans chaque centre par leur intensité et leur durée, et on sait que c'est la perception des différences qui constitue la conscience. Avec la conscience apparaît la volonté. Notre état « dynamogène », représente des forces à peu près également réparties dans notre appareil nerveux, il représente l'élément primitif formé par les sensations, le fonds commun sur lequel s'établira plus tard une division du travail, une différenciation, une accumulation de forces en des points spéciaux qui feront apparaître l'état « d'inhibition. » Et si avec Haller nous disons que les fonctions tendent à développer l'organe, nous accepterons alors pourquoi notre appareil nerveux s'est constitué en centres de cérébration.

Nous voici en présence de deux « antinomies physiologiques » dont nous ne rencontrerons jamais que les intermédiaires. — Ici, c'est l'état dynamogène qui domine, là c'est l'état d'inhibition, mais toujours nous les verrons coexister. Cependant, on peut dire qu'au moment où la volonté apparaît : il y a subordination d'un état dynamogène à un état inhibitoire ; car avec Maudsley, nous croyons : « Qu'on peut regarder comme
« une loi générale que deux centres nerveux de
« fonctions mentales étant donnés, ils ne peuvent
« en même temps fonctionner d'une manière
« également consciente (ils se confondraient et ne
« seraient plus conscients.) Si l'un est activement
« conscient, l'autre n'est qu'au seuil de la cons-
« cience, ou n'est pas conscient du tout ; et, si
« l'un atteint un certain degré d'activité, il exerce

« une action inhibitrice sur l'autre, il le rendra
« temporairement incapable de toute fonc-
« tion. »

Poursuivons notre incursion sur le domaine de la volonté, maintenant que nous connaissons l'état physique auquel elle correspond.

V

« La vie psychique des animaux, dit Griesinger
« commence dans les organes des sens et son
« courant perpétuel jaillit au dehors par l'inter-
« médiaire des organes du mouvement. » La sensation ou excitabilité n'est donc rien autre qu'un déplacement moléculaire animé d'un mouvement centripète, qui se transforme par réflexion en mouvement centrifuge. Le miroir sur lequel se réfléchissent les sensations est constitué dans notre appareil cérébral par la couche corticale où se sont formés des centres cérébraux supérieurs, des centres spéciaux sensitifs et moteurs. Il y a pour eux analogie d'action avec les centres nerveux inférieurs qui se réfléchissent à la moëlle ; mais centres supérieurs à éléments plus complexes, à organisation plus haute, ils élaborent la conscience et la volonté. — En effet ;

si nous admettons des stades, dans les divers chemins que parcourt l'incitation sensible à travers le système nerveux, et il faut en admettre, puisqu'il y a des états dynamogènes et d'inhibition, il est facilement compréhensible qu'un amas de sensations en un centre quelconque, en un plexus nerveux plus complexe, soit perçu par une sensation plus forte qui est la clef des états de conscience caractérisés par une différence d'impression, de la mémoire qui est la conscience de sensations renouvelées et de la volonté qui est la conscience de l'action « inhibitrice » qu'exerce cette sensation plus forte en laissant le champ libre à l'acte qu'elle va produire.

Sans action « inhibitrice » pas de volonté, pas de puissance d'arrêt capable de grouper en un point un ensemble d'impression ; pas *d'attention* consciente qui mette en œuvre pour un temps donné les forces accumulées en un point spécial, forces qui tendent constamment à se dépenser en vertu de leur mouvement centrifuge et qui nous donnent la sensation de l'effort. L'attention est une des conditions de la volonté consciente elle est déterminée par une sensation propre qui efface les sensations précédentes et qui les totalise[1].

---

[1] Ferrier admet même dans les lobes frontaux, l'existence de centres modérateurs dans lesquels l'attention trouverait son substratum.

Cette sensation plus puissante et qui, pour le moment occupe seule le champ de notre conscience, crée aussi l'illusion du libre arbitre. Elle nous apparaît comme la seule cause efficiente des effets que nous constatons. Mais, si elle ne nous absorbe pas toute entière, comme cela arrive chez les gens qui ont la foi, nous voyons bien vite que cette cause efficiente n'est elle-même qu'un produit dont les facteurs n'ont rien d'extraordinaire et qu'elle ne présente rien qui ne s'explique. Alors, au lieu d'un libre arbitre miraculeux, il nous est facile de reconnaître un déterminisme scientifique, dont l'ordre aide et satisfait notre raison, plus que ne saurait le faire un phénomène supra naturel[1]. La volonté s'ébauche par la conscience et les divers stades qu'elle parcourt peuvent être annulés par le stade suivant ou dernier et c'est alors que la détermination change ; au même titre qu'on remplace chez les hypnotisés la suggestion précédente par la suggestion subséquente. Mais il faut tenir compte que la dernière « volition » que nous appelons volonté forte, est un résultat de toutes les autres, non point dans un ordre successif toujours plus élevé, mais dans un ordre où les volitions vont s'additionnant, se soustrayant, se

---

[1] Le noumène de Kant.

multipliant et se divisant, sous les lois physiques de la force.

Il existe du reste une dynamométrie psychologique ou psychométrie déjà prévue par Lavoisier, qui nous renseigne mieux encore sur nos phénomènes psychiques. Ainsi : on étonnerait beaucoup de personnes si on leur disait que la force musculaire dépensée par un travail cérébral donné est plus importante que celle dépensée par un effort musculaire prolongé qui ne demande pas le concours du cerveau. (Relation intime du nerf et du muscle). En d'autres termes, qu'un manouvrier dépense moins de forces musculaires qu'un philosophe[1]. Cela est cependant. L'activité nerveuse que nous qualifions plus spécialement de psychique, n'échappe pas aux conditions physiques, elle est soumise à une loi toute mécanique dont nous pouvons intervertir l'ordre par des agents mécaniques. C'est le rôle des esthésiogènes. Voici une observation qui vous en pourra convaincre.

« Wit.... est complétement éveillée, on ne l'a
« pas endormie depuis plusieurs jours. Nous
« la prions (ce sont MM. Binet et Féret qui
« parlent) de s'appuyer avec le coude droit sur
« une table à proximité d'un aimant dissimulé.

[1] M. Féret. Comptes-rendus de la société de Biologie.

« Elle nous demande pourquoi ; nous prenons
« comme prétexte que nous allons faire son por-
« trait. Elle y consent. Au bout de deux ou
« trois minutes, elle ramène son coude droit près
« du corps, elle dit qu'elle est fatiguée, qu'elle a
« le bras engourdi. Pendant un instant, elle
« est indécise, regarde à droite et à gauche. Nous
« lui disons de reprendre la pose, elle répond
« qu'elle l'a oubliée, une minute après, elle s'ac-
« coude avec le bras gauche sur une chaise qu'elle
« a approchée, dans une pose qui est symé-
« trique de la première. En retirant l'aimant,
« on observe des oscillations consécutives. Nous
« venons d'assister au transfert par l'aimant d'un
« acte volontaire, c'est la volonté soumise à un
« déterminisme absolu. Si on interroge Wit....
« elle répond : que si elle a commencé à s'ac-
« couder à droite, c'est que nous l'en avons priée,
« et si ensuite elle s'est accoudée à gauche, c'est
« que son bras droit était engourdi. Elle a l'il-
« lusion de la liberté. »

Pour tout esprit non prévenu, il faut admettre
que l'aimant modifie l'activité nerveuse et que la
volonté qui n'en est qu'une forme est aussi modi-
fiée par lui[1]. J'aurais pu, à propos des quelques

---

[1] M. Ockorowicz a expérimenté sur 700 personnes, prises
au hasard, 266 sont sensibles à l'aimant. Il en conclut
qu'elles sont hypnotisables.

observations que je viens de vous présenter, me livrer à de longues dissertations, sur les facultés de l'esprit, sur l'entendement humain, sur le rôle des idées etc., etc. Nous y reviendrons plus tard si cela est nécessaire ; mais, aujourd'hui, je préfère vous laisser sous le coup des impressions que ce travail un peu écourté a pu faire naître.

VII

Parti des faits de psychologie morbide que l'observation et l'expérimentation médicales nous offrent, nous avons essayé, à l'aide des théories physiologiques universellement acceptées, de surprendre quelques-unes des fonctions intellectuelles ou psychiques, que la philosophie officielle place dans une métaphysique sans issue.

Si nous croyons qu'il est nécessaire que certaines questions *restent ouvertes*, pour nous servir de l'heureuse expression d'Auguste Comte, nous croyons aussi qu'elles ne peuvent être résolues que par voie expérimentale. C'est pourquoi nous avons choisi pour guide « la psychologie expérimentale », qui loin de se placer en dehors des sciences, au dessus de la science, comme la psychologie métaphysique, vient au contraire prendre place parmi elles. La psychologie est une science de faits au même titre que toutes les autres. Elle vient à son heure, et le philosophe, vraiment digne de ce nom, ne doit plus se contenter des raisons d'ordre logique, quand des faits rigoureusement observés s'offrent à lui pour servir de base à ses hypothèses.

Une fois les faits établis, nous avons cherché une explication mécanique de notre *activité volontaire*. Nous ne nous flattons pas d'avoir tout dit sur la question, ce n'était ni dans notre intention, ni dans nos moyens, mais nous croyons être entré dans la voie qui conduit à la solution du problème.

FIN

Imprimerie de DESTENAY, Saint-Amand (Cher).

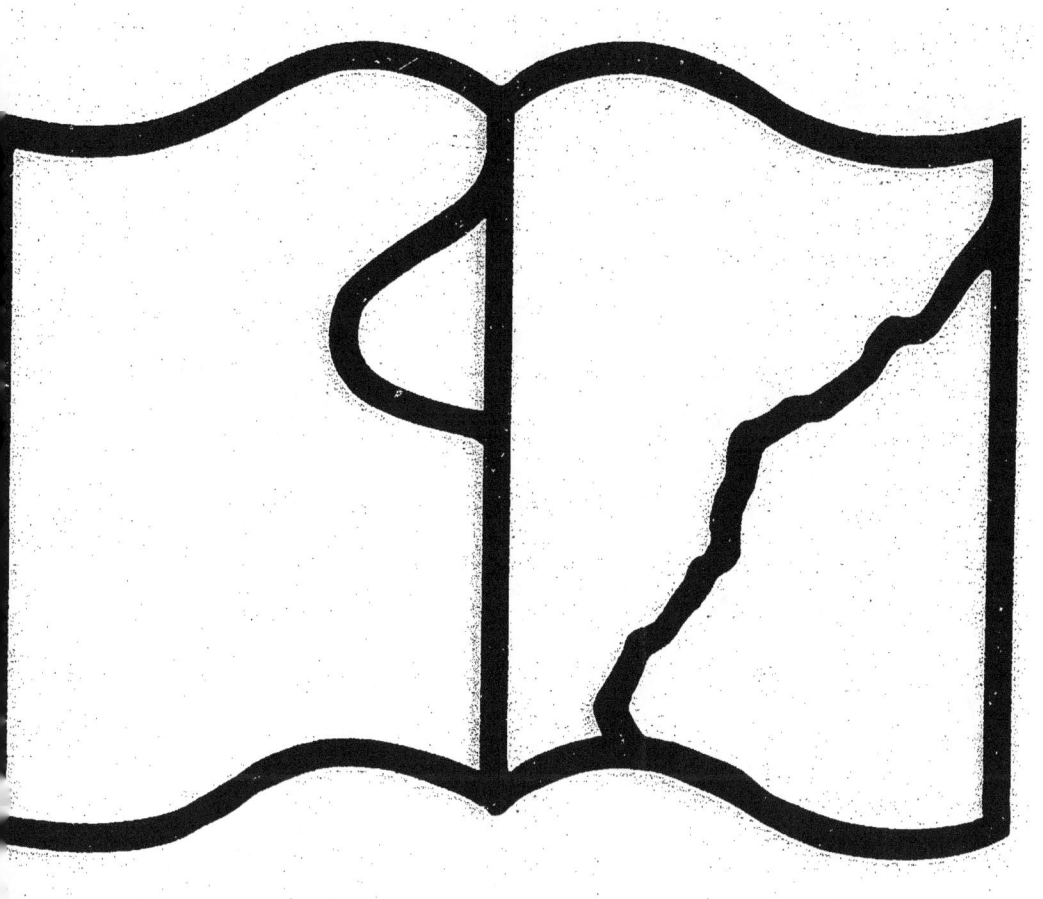

Texte détérioré — reliure défectueuse

NF Z 43-120-11

Contraste insuffisant

NF Z 43-120-14

www.ingramcontent.com/pod-product-compliance
Lightning Source LLC
Chambersburg PA
CBHW060512050426
42451CB00009B/942